NINA STROMANN

Weise führen

Die zehn Schlüssel für nachhaltige Erfolge

Mit einem Vorwort von Arist von Schlippe

Die Deutsche Nationalbibliothek verzeichnet diese Publikation in der Deutschen Nationalbibliografie; detaillierte bibliografische Daten sind im Internet über http://dnb.dnb.de abrufbar.

Korrektorat: Jeannine Fischer
Grafik-Design & Satz: Nicole Cub, Essen
Herstellung und Verlag: BoD – Books on Demand, Norderstedt

ISBN: 978-3-7528-6072-6

Dieses Buch ist all jenen gewidmet,
die den Mut besitzen, weise zu handeln.

INHALT

DANKSAGUNG

Ein Buch zu schreiben, ist niemals das Werk einer einzelnen Person. So ist es auch bei diesem Werk. Mein Dank gilt den vielen Riesen, von denen ich lernen durfte – ob über Bücher oder auf der persönlichen Ebene. Darüber hinaus möchte ich insbesondere folgenden Personen danken:

Rilana Bochnig, die mit ihrer Liebe meine persönliche Entwicklung maßgeblich gefördert hat und immer wieder mutig genug war, mir einen Spiegel vorzuhalten, damit ich über mich hinauswachsen kann.

Torben Schröder, der mit seiner Liebe und Nüchternheit ein Hafen und ein Quell von Weisheit für mich ist.

Meiner lieben Freundin Eva Ramuschkat, die mir den Impuls zu diesem Buch gegeben hat und die mich immer wieder liebevoll durch ihre Klugheit und Struktur dabei unterstützt, meinen Weg weiterzugehen.

Meinem Opa, Bernhardt Stromann, der mich gelehrt hat, keinen Respekt vor dem Status quo zu haben und mutig nach einer besseren Lösung zu suchen.

Meinen Eltern, Hanno und Renate Stromann, die mich lehrten, zu mir und zu meinen Werten zu stehen.

Klaus H. Kirchheim, Vorsitzender Geschäftsführer der nass magnet GmbH, der mich mit seinem Feedback zu diesem Buch ermutigt hat, mein Anliegen noch klarer auf den Punkt zu bringen.

Liane Lumpe, Vertriebsleiterin der Hch. Perschmann GmbH, die mich mit ihrem Feedback sehr im Buch-Entstehungsprozess unterstützt hat.

Yvonne Georgi, die mit ihrer unkonventionellen Art zu denken, mir einen wunderschönen Austausch ermöglicht hat.

Jeannine Fischer, für das Korrektorat und die fachkundige Unterstützung.

Nicole Cub, die als Grafikdesignerin dafür gesorgt hat, dass dieses Buch seine wunderschöne Form erhält.

Silke Arens, meiner Digitalen Assistentin, für die wunderbare Unterstützung in allen organisatorischen Fragen.

Prof. Dr. Arist von Schlippe vom Wittener Institut für Familienunternehmen (WIFU), Lehrstuhl Führung und Dynamik von Familienunternehmen, für das einfühlsame Vorwort, das den Leser einlädt, das Thema „Weisheit" aus einer neuen Perspektive zu betrachten.

VORWORT

„Weisheit" ist ein großes Wort. Man stellt sich meist einen alten Menschen vor, der oder die aus den Themen, die einen in der Jugend und im aktiven Erwachsenenalter umtreiben, herausgewachsen ist. All die Größenvorstellungen, die uns umtreiben und die sich hinter Machtstreben, dem Wunsch nach Einfluss, Ehrgeiz und Unduldsamkeit mit uns selbst oder mit anderen verstecken, erscheinen als Strebungen, die uns von dem Eigentlichen weiter wegführen, um das es geht, nämlich mit sich ins Reine zu kommen und mit einer liebevollen Haltung auf die Welt zuzugehen und mitzuhelfen, dass sie ein guter Ort für alle Lebewesen ist, bleibt und wird. Aber man muss nicht erst alt werden, um zu beginnen, an der eigenen Weisheit zu arbeiten. Es ist eher ein Weg, den man nicht früh genug beginnen kann. Und er beginnt mit einer wichtigen Erkenntnis, nämlich dass Weisheit nicht in derselben Struktur gewonnen werden kann, in der man die oben erwähnten Größenideen verfolgt hat. Dazu gehört es zu wissen, dass das Erreichen eines perfekten Zustands von Weisheit möglicherweise gerade das Gegenteil von dem ist, worum es geht.

Das Buch von Nina Stromann ist eine Hilfe auf diesem Weg. Es lädt ein, aus Opfernarrationen auszusteigen, die letztlich hinter den Ideen stehen, immer und überall der/die Erste, Beste sein zu müssen. Es lädt ein, in eine andere Art von Handeln zu kommen, ein Handeln, das sich natürlich nicht davor scheut zu entscheiden. Doch bleibt es dabei immer bewusst, dass es darum geht, das Ganze im Blick zu halten, fürsorglich für alle am jeweiligen Prozess beteiligte Personen zu sein und zu wissen, worauf es im Leben ankommt: nicht so sehr darum, etwas Großes zu hinterlassen, sondern etwas Gutes.

Ich wünsche diesem schönen Buch, das es genau das erreicht.

Witten, im Mai 2018

Arist v.Schlippe

EINLEITUNG

Dieses Buch richtet sich an dich als Unternehmer und Führungs-kraft, wenn du das Bedürfnis verspürst, mit Weisheit führen zu wollen. Weil du weißt, dass dort der Schlüssel für nachhaltige Er-folge, Freude und Leichtigkeit verborgen liegt. Weil du wie ich daran glaubst, dass es Zeit für einen Paradigmenwechsel ist.

Dabei schwebt mir nicht vor, dir eine allgemeingültige Definition davon zu geben, was Weisheit bedeutet. Weisheit ist für mich ein Weg, der bei dir beginnt und der von dir beschritten werden will. Die zehn Schlüssel in diesem Buch schildern meine Erkenntnisse und möchten dich dazu einladen, dich auf die Reise zu begeben. Sie möchten dich inspirieren zu ergründen, was es für dich be-deutet, weise zu handeln. Wenn du mich dennoch aufforderst, Weisheit zu definieren, würde ich dir das Folgende antworten:

Die innere Weisheit zu nutzen bedeutet, den Schritt von den Wünschen des Egos zum Wohle aller zu vollziehen.

Jetzt fragst du dich vielleicht, ob Weisheit und Unternehmer-tum überhaupt zusammenpassen. Aus meiner Sicht bedingen sie sich gegenseitig und die Kombination dieser beiden Dinge ist das, was ich als Paradigmenwechsel bezeichne. Dabei ist mir eines unendlich wichtig: Deine Wünsche, als Unternehmer Ge-winne zu machen und gleichzeitig weise zu handeln, schließen sich nicht aus. Im Gegenteil. Ich glaube zutiefst daran, dass nach-haltige Erfolge nur dann möglich sind, wenn du in der Lage bist, dein Unternehmen weise zu führen.

Du förderst damit die Gewinnerzielungsabsicht in besonderem Maße und noch viel mehr als das. Warum glaube ich das? Dazu möchte ich dich auf eine gedankliche Reise einladen:

Stell dir vor, du bist Unternehmer. Du hast den Traum, mit deinem Unternehmen einen Mehrwert in diese Welt zu bringen, der dem großen Ganzen dient. Gemeinsam mit deinen Mitarbeitern setzt du dir zum Ziel, es zu wagen. Du möchtest gemeinsam mit deinem Team Produkte entwickeln, die dem Wohle aller dienen. Dieses Ziel löst eine unbeschreibliche **Magie in** dir und deinen Mitarbeitern aus.

Jeder widmet seine Aufmerksamkeit zu 100 % **diesem** Ziel. Du weißt nicht, ob es dir und **deinem** Team gelingt, das Ziel zu erreichen. **Was** du weißt ist, dass du alles dafür gibst und das gilt auch für deine Mitarbeiter. Jeder wartet nur darauf, seine Stärken für dieses außergewöhnliche Ziel einzusetzen und alles dafür zu geben.

Während du mit deinem Team diesen Weg beschreitest, stoßt ihr auf Hindernisse, aber das macht euch nichts aus. Die Sache, für die du gemeinsam mit deinem Team einstehst, ist wichtiger. Jeder einzelne widmet sich ihr hingebungsvoll. Du erlebst einen Flow und eine tiefe Verbindung zu dir und deinem Team.

Diese Art der Zusammenarbeit bleibt nicht unbemerkt. Mitarbeiter sprechen über diese Erfahrung. Kunden horchen auf, fühlen sich in besonderem Maße mit deinem Unternehmen verbunden. Sie wollen unbedingt mit deinem Unternehmen arbeiten, weil sie deine Werte teilen.

Neue Kunden kommen auf dich zu.

Potenzielle Mitarbeiter werden auf dein Unternehmen aufmerksam und sagen sich: „Ich möchte Teil dieses Teams sein und mich dort einbringen. Es ermöglicht mir, für etwas Sinnvolles einzustehen und mich weiterzuentwickeln. Es ermöglicht mir, Teil von etwas zu sein, was größer ist als jeder Einzelne von uns." Und wenn diese Personen dann Teil des Teams sind, sagen sie: „Mein Beruf ist zu etwas geworden, was mich inspiriert und bereichert. Es geht nicht mehr darum, von Wochenende zu Wochenende zu leben und dazwischen Zeit totzuschlagen. Diese Arbeit ist die perfekte Balance zu meinem Privatleben." Es flattern Bewerbungen von Personen ins Haus, die du dir in deinen kühnsten Träumen nicht vorstellen konntest. Dein Unternehmen gewinnt eine Expertise, die dich weiter auf deinem Weg voranschreiten lässt. Bis du gemeinsam mit deinem Team den Durchbruch schaffst.

Die Freude ist ansteckend. Das Unternehmen ist in der Lage über die Erfolge, die du gemeinsam mit deinem Team kreierst überall wahrgenommen zu werden. Die Gewinne sind die Folge eurer guten Arbeit. Das Unternehmen ist gesund und es handelt so, dass auch zukünftig bessere Lösungen für unsere Kinder und Kindeskinder in diese Welt gebracht werden. Vielleicht spendest du einen Teil der Gewinne. Letztlich ist die Tätigkeit deines Unternehmens als solche aber schon ein wertvoller Beitrag, der dem Wohle aller dient.

Jetzt denkst du vielleicht: „Nina, träum weiter. Das ist in unserer Wirtschaft nicht möglich, in der jeder ausschließlich an seinem eigenen Wohl interessiert zu sein scheint." Ich glaube daran, dass es Zeit für diesen Paradigmenwechsel ist und er kündigt sich auf vielen Ebenen an. Es zeigt sich einerseits, dass Unternehmen immer größere Herausforderungen damit haben, gute Leute für sich zu gewinnen. Andererseits ist ein Großteil der Menschen immer weniger bereit, sich in Egostrukturen einzufinden. Darüber hinaus sind viele Führungskräfte und Mitarbeiter ausgebrannt, weil es an Weisheit und einer vertrauensvollen Kultur in den Unternehmen fehlt. Das ist zugegebenermaßen meine subjektive Beobachtung. Prüfe bitte für dich, ob du sie teilen kannst. Wenn das der Fall ist, ist es Zeit für etwas Neues und in diesem Buch möchte ich dich dabei unterstützen. Lass uns gemeinsam beweisen, dass es möglich ist.

1. SCHLÜSSEL:
ARBEITE ZUM HÖCHSTEN WOHLE ALLER

Kaum ein Geschäftsführer, den ich kennengelernt habe, steht nicht vor der Herausforderung, dass zwischen den Abteilungen des Unternehmens ein Silodenken besteht. Hier zeigt sich im Kleinen, was auch im übergeordneten Kontext unserer Welt gelernt werden will. Es ist ein Kernelement, was es zu verstehen gilt, wenn wir weise führen wollen.

Wir sollten uns daran erinnern, dass alles mit allem verbunden ist. Die Trennung, die wir Menschen erleben, ist eine Illusion. Es geht darum, zum Wohle aller zu handeln. Wenn wir nun den Blick zurückwerfen auf das Abteilungsdenken, geht es hier darum, etwas zu finden, das die zerstreuten Kräfte vereint. Etwas, das größer ist als das Ego eines jeden Einzelnen. Es muss stark und kraftvoll genug sein, um Menschen zu vereinen.

Wenn du Geschäftsführer eines Unternehmens bist, wirst du mir wahrscheinlich beipflichten. Allerdings geht die Herausforderung noch einen Schritt weiter. Sie betrifft auch dich. Inwieweit bist du in der Lage, mit deinem Unternehmen zum Wohle aller zu arbeiten? Das ist ein Ziel, was höher gesteckt nicht sein kann. Denn es bezieht unseren Planeten samt aller Lebewesen mit ein. Mir ist sehr bewusst, wie anspruchsvoll dieses Ziel ist. Nichtsdestotrotz sollten wir es anstreben. Warum? Weil das der Schlüssel ist, der uns Menschen eint. Weil dieser Beitrag es ist, der nicht nur deine Abteilungsleiter zusammenstehen lässt, sondern der unsere Welt zu einem besseren Ort werden lässt.

Zum höchsten Wohle aller zu arbeiten bedeutet nicht, bessere Bärenfallen zu entwickeln. Es bedeutet, eine Antwort auf die Frage zu finden, wie Tiere und Menschen friedvoll und im Einklang mit diesem Planeten leben können.[1]

---

1   In Anlehnung an Alberto Villoldo, Mutiges Träumen, Seite 142 f.

Mir ist durchaus bewusst, dass diese Frage massive Auswirkungen auf den Geschäftszweck deines Unternehmens haben kann. Gleichzeitig bin ich davon überzeugt, dass die Zukunftsfähigkeit deines Unternehmens es erfordert, dass du dir diese Frage beantwortest.

In meiner Arbeit beobachte ich, dass immer mehr Menschen danach streben, bewusster zu leben. Sie geben sich nicht mehr mit dem zufrieden, was ihnen geboten wird, sondern sie stellen Ansprüche. Bei diesen Personen stehen Werte wie Freiheit, Sinn und Entwicklung im Vordergrund. Sie wollen sich für etwas einsetzen, das sie berührt, das sie als sinnvoll betrachten. Dich diesem Sinn zu öffnen führt also nicht nur dazu, dass du diese Menschen für dein Unternehmen gewinnst. Es dient ebenfalls deinem Wohl und dem deiner Kindeskinder. Die Selbstverpflichtung Lösungen zu entwickeln, die dem höchsten Wohle aller dienen, führt dazu, dass du einen aktiven Beitrag für das Wohlergehen dieses Planeten und seiner Bewohner übernimmst. Damit förderst du nicht nur deine Lebensgrundlage, sondern auch die der nachfolgenden Generationen.

Alles, was du deinem Gegenüber antust, hat Auswirkungen auf dich. Sei es, indem es eine endlose Kette an Missetaten hervorruft frei nach dem Motto: „Ich tue das nur, weil er oder sie dies und jenes getan hat." Sei es, dass es etwas in dir auslöst, ob bewusst oder unbewusst. Dazu eine Einladung:

Denke an eine Situation, in der du dich deiner Meinung nach nicht korrekt verhalten hast. Vielleicht bist du auf eine Provokation eingegangen und hast sinnbildlich zurückgeschlagen. (Ja, ich weiß, natürlich nur, weil dein Gegenüber sich so verhalten hat.) Oder du hast deinen Kollegen auflaufen lassen, weil du ihn nicht ausstehen kannst. Frage dich, wie du dich in diesem Moment gefühlt hast.

Schreibe dein Gefühl auf:

Jetzt frage dich bitte, ob dich dieses Gefühl gestärkt oder geschwächt hat. Bitte geh über den unmittelbaren Moment hinaus, in dem es sich vielleicht einfach gut angefühlt hat, es dem anderen gezeigt zu haben. Was hat dieses Gefühl in dir ausgelöst? **Beantworte diese Frage:**

Wenn du ehrlich bist, wirst du feststellen, dass du deine kostbare Lebenszeit mit „Shit" verbracht hast. Vergegenwärtige dir, dass du mehr von dem erzeugst, worauf du deine Aufmerksamkeit lenkst.[2] Das bedeutet in diesem Fall: Wenn du dich auf „Shit" konzentrierst, erzeugst du mehr „Shit".

---

2   Das uralte Prinzip lautet „Energy goes where attention flows", vgl. Gunther Schmidt, Einführung in die hypnosystemische Therapie und Beratung, Seite 39; Otto Scharmer, Leading from the emerging future, 2013, Seite 21.

In diesem Buch möchte ich dich dazu einladen, all deine Gefühle anzuerkennen – die guten und die vermeintlich schlechten. Es geht darum, einen bewussten Umgang mit deinen Gefühlen zu erlangen und die vermeintlich negativen zu transformieren.

Du bist Führungskraft. Als solche formst du für viele Menschen einen Raum – für deine Mitarbeiter, aber auch für das gesamte Unternehmen und die Kunden. Werde dir dieser Verantwortung bewusst und nutze diese Macht weise.

Ein erster Schritt dabei ist, zum höchsten Wohle aller zu arbeiten. Hinterfrage deine Tätigkeiten daraufhin, ob sie sinnvoll sind. Wenn nein, frage dich, wo du mit Konventionen brechen solltest, was mutig wäre. Sei bereit, einen anderen Ansatz zu wählen, auch wenn du der Erste sein solltest, der dieser Wahrheit folgt. Nicht um zu beweisen, was für ein „toller Hecht" du bist. Sondern um die Verantwortung, die dir übertragen wurde, klug zu nutzen. **Schreibe deine Gedanken dazu auf:**

2. SCHLÜSSEL:
LASS DEINE SEELE
TEIL DES GANZEN SEIN

Ich glaube zutiefst daran, dass jeder Mensch auf dieser Welt einen ureigenen Beitrag zu leisten hat. Ob er sich dessen bewusst ist oder nicht. Viel zu lange haben wir die Seele[3] aus dem Wirtschaftsleben herausgehalten. Business and Soul schließen sich nicht aus, sie bedingen einander. Freude, Leichtigkeit und nachhaltige Erfolge erfordern, dass du in einem tiefen inneren Kontakt zu dir und deiner Schaffenskraft stehst. Dass du erkennst, dass du Teil von etwas Größerem bist und diese Verbindung nutzt, um deinen Beitrag zu leisten. Frage dich also, was dir eine Herzensangelegenheit ist.

Oft halten wir uns für zu klein, um diesem Ruf zu folgen. Wir denken, dass es Spinnerei ist. Dass wir nichts ausrichten können. Darin irren wir uns gewaltig. Wir können viel mehr bewegen, als uns bewusst ist. Was wir dafür benötigen ist das Vertrauen, dass wir – wenn wir bereit sind, diesen Weg zu gehen – alles finden, um unser Ziel zu erreichen. Wir werden auf Hindernisse treffen. Gleichzeitig werden wir feststellen, dass von ungeahnter Seite Unterstützung auf uns wartet. Alles, was es für uns zu tun gilt, ist mutig zu sein und den Sprung zu wagen. Offen und aufmerksam zu sein für die Chancen, die sich uns bieten. Uns transformieren zu lassen in dem Wissen, dass wir stärker aus dem hervorgehen werden, als wir jemals vermutet haben. Frage dich also, was dein Beitrag ist. Woran erkennst du deinen Beitrag? Dazu möchte ich dich zu einer Übung einladen: Denke bitte an eine Situation, in der du für etwas eingetreten bist. Das kann z.B. in deiner Schulzeit gewesen sein. Wir suchen nach einer Situation, in der du nicht anders konntest, als deinen Standpunkt zu vertreten oder dich

---

3   Mihaly Csikszentmihalyi definiert in seinem Buch „Flow im Beruf – Das Geheimnis des Glücks am Arbeitsplatz" die Seele als die Bereitschaft, die Energie nicht nur auf das eigene Fortbestehen zu lenken, sondern sie zu nutzen, um mit anderen Lebewesen Kontakt aufzunehmen und sich um sie zu kümmern. Die Fähigkeit von Unternehmern Visionen mit Seele zu entwickeln, beschreibt er als eine Voraussetzung dafür, dass Menschen ein Gefühl tiefer Freude („Flow") empfinden, Seite 193 ff.. Ich persönlich verstehe in Ergänzung dazu die „Seele" als die ureigene Essenz des Menschen, die einer Schöpferkraft entspringt.

einer bestimmten Sache zu widmen. Vielleicht hast du dich für einen Mitschüler stark gemacht oder bist in eine Diskussion mit einem Lehrer eingetreten, weil dir das Thema so wichtig war. Vielleicht hast du dich in deiner Freizeit mit Hingabe einem bestimmten Thema gewidmet. Erinnere dich an das, was diese Situation körperlich in dir ausgelöst hat. Du merkst es in der Regel daran, dass jede Zelle deines Körpers weiß, dass du dich für eine gute Sache stark machst. Wenn es darum geht, deinen Beitrag zu finden, suchen wir nach etwas, das ein ähnlich gutes Gefühl in dir auszulösen vermag.[4] Frage dich, was so wichtig ist, dass du bereit bist, Widerstände zu überwinden, um dieses Ziel zu erreichen. In der Regel werden deine Augen leuchten, wenn du für diese Sache einstehst.

Um deinen Beitrag zu erkennen, beantworte dir die folgenden Fragen:

Wenn du in dieser Welt alles erreichen könntest, was würdest du tun? Größenwahnsinn ist ausdrücklich erlaubt! Mit Größenwahnsinn meine ich im Übrigen nicht, dass du deinem Ego schmeichelst und das Ergebnis ist, dass du und die Welt dich als den „geilsten Hecht" auf Erden betrachtet. Mit Größenwahnsinn verbinde ich einen Traum, der so groß ist, dass er dich ehrfürchtig werden lässt. Einen Traum, den deine Seele träumt, weil sie nicht anders kann, als sich für diese Sache – die dem höheren Wohl aller dient – stark zu machen. Diese Träume sind in der Regel in einem einfachen übergeordneten Satz formuliert und knüpfen direkt an das an, was du als sinnvoll betrachtest. Das kann beispielsweise Folgendes sein:

---

4   An dieser Stelle möchte ich dich bewusst einladen, nicht nur deinen Verstand, sondern auch dein sogenanntes Fühlwissen zu befragen. Es gibt dir wertvolle Rückmeldungen zu anstehenden Entscheidungen über Gefühle oder Körperempfindungen und ist damit für das Treffen guter Entscheidungen wichtig. Vgl. dazu Antonio Damasio, Der Spinoza-Effekt, Seite 173 ff.; Deepak Chopra, Das Buch der Geheimnisse, Seite 18; Maja Storch, Das Geheimnis kluger Entscheidungen, Seite 22 ff.

Ich träume davon, dass kein Mensch mehr an der Krankheit XY stirbt.

Ich träume davon, dass alle Menschen gemäß ihren Stärken arbeiten können und gemeinsam etwas Geniales erschaffen.

Ich träume davon, dass wir Autos bauen, die im Einklang mit unserer Umwelt stehen.

Ich träume davon, dass unser Produkt für mehr Sicherheit in XY sorgt.

Ich träume davon, dass Menschen und Tiere friedlich miteinander leben.

Ich träume davon, dass jeder Mensch seine eigene Schönheit erfahren kann.

Also frage dich bitte: Welchen Traum möchte deine Seele verwirklichen?

Was würde dir tiefe Erfüllung und Zufriedenheit geben?

Was betrachtest du als sinnvoll?

Jetzt formuliere deinen Kernsatz:

Dieser Kernsatz ist jetzt dein Kompass. Er zeigt dir deine Richtung und hilft dir, dich auf das zu konzentrieren, was deinen Traum in die Welt bringt. Er hilft dir gleichzeitig Raum zu schaffen, weil du dank seiner Unterstützung alles aussortieren kannst, was deinem Traum nicht förderlich ist.

3. SCHLÜSSEL:
NUTZE DEINE ABSICHT

Der dritte Schlüssel bezieht sich auf die Kraft, die in einer klar formulierten Absicht liegt. Viel zu häufig vergessen wir, dass wir unsere Realität selbst erschaffen. Unsere Energie geht dahin, wohin wir unsere Aufmerksamkeit lenken. Erinnere dich an eine Zeit, in der es dir gut ging. Hole dir dieses Erlebnis so nah wie möglich heran. **Schreibe alle Einzelheiten nachfolgend auf:**

Frage dich, wie du mit Hindernissen, die dich aktuell belasten, umgehen würdest, wenn du aus diesem inneren Ort heraus handeln würdest. **Schreibe es auf:**

Je stärker du in deinem Gleichgewicht bist, desto besser bist du in der Lage, mit Herausforderungen umzugehen. Wenn du aus einem negativen Zustand heraus agierst, erzeugst du mehr Negativität und es kann passieren, dass du die Lösung übersiehst, die direkt vor deiner Nase liegt. Dein innerer Zustand verhindert, dass du Zugriff darauf hast. Es ist also wichtig zu beobachten, in welchem inneren Zustand du dich befindest. Tue alles, um mit deiner inneren Kraft in Verbindung zu kommen. Ein Schritt dahin ist, deine Absicht zu nutzen.

Betrachte deine Absicht als einen Laser. Er hilft dir, aus den vielen Möglichkeiten, die dieser Moment für dich bereithält, nur das zu wählen, was dir wichtig ist. Nutze diese Fähigkeit weise und betrachte sie als das, was sie ist: Sie hilft dir, deinen Traum Realität werden zu lassen.

Beachte, dass es nicht an dir ist zu entscheiden, wann das genau passiert. Arbeite Hand in Hand mit einer höheren Kraft. Sei glasklar in Bezug auf dein Ziel und lass deinen Wunsch gleichzeitig los, auch wenn es paradox erscheint. Es ist die Fähigkeit, beides nebeneinander gelten zu lassen. Das erscheint zunächst sehr schwierig. Entweder sind wir nicht klar darüber, was wir eigentlich in diese Welt bringen wollen. In diesem Fall erleben wir uns hin- und hergerissen von den Wogen des Lebens und haben den Eindruck, dass wir uns treiben lassen. Oder wir sind so klar in dem, was wir erreichen möchten, dass wir anhaften. Wir wollen das, was wir geplant haben, unbedingt erreichen und zwar so, wie wir es geplant haben. Wir halten wie ein Wahnsinniger daran fest. Dabei werden wir eng, wir versuchen zu kontrollieren, zu erzwingen, pressen uns in alles Mögliche hinein, was sich völlig elend anfühlt. Wir denken, dass dies der Preis ist, um unsere Ziele zu erreichen. Wenn du dich dabei ertappst, dann lass los. Atme. Vertraue dem Lauf der Dinge. Zieh in Betracht, dass du nicht sicher wissen kannst, ob es jetzt schon an der Zeit ist, dass dein Traum Wirklichkeit wird. Zieh in Betracht, dass die Verwirklichung deines Traumes im Augenblick nicht zum höchsten Wohle aller ist. Zieh in Betracht, dass sich dein Traum auf eine andere als die von dir geplante Weise manifestieren kann. Wir Menschen neigen dazu, uns zu wichtig zu nehmen und daran zu glauben, dass wir wissen, was gut und richtig ist. Wenn ich mir anschaue, wie wir uns in dieser Welt bewegen, bezweifle ich, dass diese Ansicht immer zutreffend ist. Wir sollten achtungsvoll dem Leben gegenüber sein. Das hat etwas mit Demut zu tun und der Bereitschaft, sein eigenes Ich in den Dienst von etwas Größerem zu stellen.

Bilde eine klare Intention und entscheide darauf zu vertrauen, dass alles zu seiner Zeit passiert.

Aus diesem Grunde lade ich dich nun ein, die Erkenntnisse aus den ersten zwei Kapiteln dieses Buches zu nutzen und eine wohlüberlegte Absicht zu formen. **Das kannst du beispielsweise wie folgt tun**[5]:

5   In Anlehnung an Katie McLaughlin, www.awakenedwildchild.com.

Ich, _____, beabsichtige,

_____

_____

_____

Zum Wohle aller. Ich lasse es geschehen. So soll es sein und so ist es.

_____   _____

(Ort, Datum)   (Unterschrift)

Jetzt lasse los!

4. SCHLÜSSEL:
NUTZE DIE WEISHEIT DEINES TEAMS

Dieses Buch handelt nicht nur von deiner eigenen Weisheit. Es handelt auch davon, weise zu führen.

Du selbst bist bereits vorangegangen und hast dir die Fragen unter den Schlüsseln 1 bis 3 beantwortet. Jetzt geht es darum, die kollektiven Antworten auf diese Fragen für dich und dein Team zu finden. Doch zuvor ist es mir wichtig, noch eine entscheidende Sache hervorzuheben, wenn du weise führen möchtest.

Indem du die vorgenannten Fragen für dich erarbeitet hast, hast du eine wichtige Fähigkeit gezeigt, die jede Führungskraft kultivieren sollte: die Fähigkeit voranzugehen.

Es ist einfach, bestimmte Dinge von Menschen einzufordern. Der andere soll uns bitte respektvoll behandeln. Er soll ehrlich sein, sein Bestes geben. Das sind in der Tat Tugenden, die es zu fördern gilt. Wenn du aber beispielsweise sauer über eine Verhaltensweise deines Gegenübers bist und dich auf den Schlips getreten fühlst, weißt du, wie einfach es ist, dem anderen einen Denkzettel zu verpassen. Es ist quasi ein Impuls und ein überaus starker. In diesem Moment inne zu halten, die Führung zu übernehmen und dem anderen trotz dieses unangebrachten Verhaltens Respekt zu zollen, kann schwieriger nicht sein. Es ist ein Unterschied, über Verhaltensweisen zu reden oder sie in den vielen herausfordernden Situationen auch zu zeigen. Wenn du das einmal bei dir beobachtet hast, wirst du milder mit den Impulsen deines Gegenübers umgehen. Du hast verstanden, wie groß die Kluft zwischen Anspruch und Wirklichkeit sein kann. Unsere Aufgabe ist es, zugleich wachsam, stark und milde zu sein. Wachsam in Bezug darauf, wenn ein Impuls die Herrschaft über uns erlangen will. Stark, wenn es darum geht, ihm nicht zu folgen, sondern uns bewusst einer besseren Version zuzuwenden. Und milde zu sein, wenn es uns und auch den anderen einmal nicht gelingen sollte, sich angemessen zu verhalten.

Du hast die ersten zwei Schritte gemacht. Jetzt ist es an der Zeit, die Weisheit deines Teams zu nutzen. Denke daran, dass du weder alleine bist, noch alles alleine machen musst. Überlege gemeinsam mit deinem Team, wie ihr die Schlüssel 1 und 2 in Bezug auf das Unternehmen beantworten könnt. Tausche dich dazu mit deinen Mitarbeitern über die folgenden Fragen aus:

Mit welchen Konventionen möchtet ihr brechen, um zum höchsten Wohle aller zu arbeiten?

Was ist euer Beitrag?

Nutze das Wissen, das du erlangt hast, als es darum ging, diese Frage zu beantworten. Unterstütze dein Team liebevoll und mit klarem Fokus dabei, diese Fragen zu beantworten. Sei milde, wenn die Antworten nicht sofort kommen. Betrachte das Ganze eher als ein „Forschungs- und Entwicklungsprojekt". Gemeinsam mit deinem Team wirst du Pfade einschlagen und merken, dass sie euch nicht zum Ziel führen. Sei dir bewusst, dass die Antworten auf die obigen Fragen in der Regel in der Stille geboren werden. Wenn unser aufgewühlter Verstand zur Ruhe kommt, zeigen sich die Antworten. Aus diesem Grunde ist es wichtig, dass jeder Einzelne aus dem Team in Kontakt mit dieser stillen Kraft kommt. Viele erleben diese Verbindung dann, wenn sie in der Natur sind. Anderen gelingt es, indem sie meditieren. Es gibt viele Wege, um sich in diesen Bewusstseinszustand zu begeben. Lade jeden einzelnen aus deinem Team ein, auf seine Impulse zu hören. Tausche dich mit deinem Team darüber aus, welche unterschiedlichen Ansätze es gibt, um Zugang zu diesem Wissen zu erhalten. Damit bereitest du den Boden dafür, dass deine Teammitglieder sich gegenseitig inspirieren. Es geht darum, bewusst aus der Hektik auszusteigen und die Antworten kommen zu lassen. Schaffe

Raum dafür, damit dein Team das erleben kann, z.B. indem du sie einlädst immer wieder zwischendurch einen Spaziergang zu unternehmen oder ihr einmal gemeinsam ein Meeting in der Natur abhaltet. Um die Fragen zu beantworten, an welcher Stelle ihr mit Konventionen brechen solltet und was euer Beitrag ist, gilt es weniger zu tun, sondern auf einer tiefen Ebene zuzuhören. Die innere weise Stimme[6], die in jedem von uns zu finden ist, kennt die Antworten, auch wenn sie im Augenblick noch nicht zu vernehmen sind. Bitte darum, dass die Antworten gezeigt werden. Achte auf Gedanken und innere Bilder, die sich zeigen und lade dein Team ein, dasselbe zu tun. Übe dich darin, geduldig zu warten bis zu dem Punkt, an dem du weißt, siehst, fühlst, dass diese Antworten stimmig sind. Das ist dann der Fall, wenn jede Zelle deines Körpers sich entspannt, weil diese Antwort der Wahrheit entspricht. Sei wachsam und achtsam. Genieße den Prozess, denn er wird dich und dein Team auf eine neue Ebene bringen. Wenn die Antwort da ist, verändert sich die Energie im Raum. Sie ist dann von einer freudigen Aufbruchsstimmung und einer tiefen Verbundenheit geprägt. Du wirst erkennen, wenn es soweit ist.

Wenn du und dein Team Antworten gefunden habt, formuliert eine Absicht (Schlüssel 3) darüber, was ihr gemeinsam erreichen möchtet. Nutze das, was du in den vorangegangenen Kapiteln dazu gelernt hast.

---

6   In meinem Buch „Coconut Life – Warum du größenwahnsinnig sein solltest, um ein geniales Leben zu leben" treffe ich in Bezug auf die innere Stimme folgende Unterscheidung: Es gibt den inneren Dialog, der uns schwächt. Darüber hinaus gibt es eine innere weise Stimme, die uns stets liebevoll betrachtet, auch wenn sie uns rät, unser Verhalten zu ändern. Wichtig ist, dass wir uns auf diese konstruktive Stimme fokussieren. Mehr dazu in Coconut Life, Seite 28 f; 99 f; 107.

5. SCHLÜSSEL:
NUTZE DIE KRAFT DER
NATUR & FOKUSSIERE
DICH

Mit der Natur in Einklang zu handeln und von ihr zu lernen, ist ein weiterer wesentlicher Schlüssel zur Weisheit. Wir Menschen sägen schon lange an dem Ast, auf dem wir sitzen. Es ist Zeit dafür, es zu ändern.

Die Natur weiß um den Lauf der Dinge und passt sich den Jahreszeiten an. Sie weiß um den ständigen Stirb- und Werde-Prozess. Ein Apfelbaum kann nicht ständig blühen oder Früchte tragen.

Warum glauben wir, dass wir ständig in voller Blüte stehen müssen? Was ist mit unserer Bereitschaft, sinnbildlich zu sterben, um neu geboren zu werden?

Weise führen bedeutet, die Zyklen anzuerkennen und klug zu nutzen. Gewahr zu sein, in welcher Phase du dich im Augenblick mit deinem Team befindest, damit du nicht im Winter die Blüten erzwingen willst. Dies wäre ein unkluges Nutzen der Kräfte. Dies führt nicht nur zu Ohnmacht führt, sondern ist auch schädlich. Die Kraft, die dabei verloren geht, fehlt dir und deinem Team, wenn die Wärme und Sonne euch einlädt zu wachsen.

Es geht in der Natur immer um das kluge Nutzen der Kräfte im Einklang mit dem, was ist. Wenn du weise führen möchtest, ist es wichtig, dass du diese Zyklen erkennst und zu nutzen weißt. Das Erkennen findet in der Stille statt. Finde Abstand und sorge dafür, dass du die Situation von außen betrachten kannst. Das kannst du tun, indem du dir einen geschützten Raum schaffst, z.B. indem du dich an einen kraftvollen Ort begibst und dich bewusst über eine Intention mit der Weisheit verbindest, und dir folgende Fragen beantwortest:

In welcher Phase befindet sich dein Team im Augenblick? Du kannst dabei die Jahreszeiten zu Rate ziehen.

Wie kannst du in dieser Phase alle vorhandenen Kräfte am klügsten nutzen? Was ist in dieser Jahreszeit wichtig? Richte bewusst den Blick in die Natur, um Antworten zu finden!

Auf welche drei wesentlichen Dinge solltest du dich im Augenblick fokussieren?

Viel zu häufig beschäftigen wir Menschen uns damit, uns auf alles Mögliche zu konzentrieren und zerstreuen damit unsere Kraft. In diesem Buch geht es darum, weise zu handeln. Angenommen du dürftest insgesamt nur drei Dinge tun, um dein Ziel zu erreichen, welche wären das? Was ist in der Jahreszeit wichtig, in der du dich im Augenblick befindest?

Die Antworten auf die vorgenannten Fragen werden in der Regel beim „Nicht-Tun" geboren. „Nicht-Tun" bedeutet achtsam in der Gegenwart zu sein und auf die Impulse zu achten, die sich dir im Hier und Jetzt zeigen. Das hat nichts mit Faulenzen zu tun. Im Gegenteil. Es ist ein hoch aktiver Zustand, der uns Menschen im Ganzen fordert. Er unterscheidet sich zum Nichts-Tun insofern, als dass er hoch aktiv ist. In diesem Zustand nimmst du nicht an inneren Dramen der Vergangenheit oder Science-Fiction-Filmen der Zukunft teil. Du bist mit allen Sinnen in der Gegenwart und lässt dich inspirieren. Du nimmst den Raum wahr, das Licht, achtest auf die Geräusche, die dich umgeben. Es kann sein, dass du auf einen Artikel aufmerksam wirst, der eine neue Sichtweise für dich bereithält oder ein Thema zum Gegenstand hat, das dich in die richtige Richtung lenkt. Es kann sein, dass dir auf einmal ein Gedanke kommt, der eine enorme Anziehungskraft auf dich ausübt. Es kann sein, dass du vor deinem inneren Auge eine Entwicklung vorhersiehst. Schule diese Fähigkeit. Sie ist die entscheidende Vorbereitungshandlung für kraftvolles Tun! Andernfalls verlieren wir uns im Beschäftigt-Sein um der Beschäftigung willen, was das Gegenteil von Unternehmertum ist. Es geht darum, mit einem guten Hebel und durch ein kluges Nutzen unserer Kräfte den größtmöglichen Fortschritt zu erzielen.

Vertraue dem Prozess. Wenn du noch nicht an einem Punkt bist, an dem du gerne sein möchtest, vertraue darauf, dass es zum höchsten und besten ist. Erkunde gemeinsam mit deinem Team, wohin ihr noch einmal genauer schauen sollt und welche Kräfte notwendig sind, damit ihr weitergehen könnt. Erzwinge die Dinge nicht. Übe dich auch hier in der Fähigkeit des Loszulassens.

6. SCHLÜSSEL:
BEHALTE DIE
LANGFRISTIGEN
FOLGEN IM AUGE

Viel zu häufig konzentrieren wir uns auf den kurzfristigen Erfolg und übersehen dabei, dass dieser langfristig erhebliche negative Folgen für uns bereithält. Wir pumpen das Gift in den Fluss, um heute ein gutes Geschäft zu machen und sehen nicht, dass wir damit nicht nur unsere Lebensgrundlage für die Zukunft zerstören, sondern auch die unserer Kinder und aller Lebewesen auf diesem Planeten. Wir steigern den Druck auf unsere Mitarbeiter, um sie kurzfristig zu höheren Leistungen zu bewegen und sehen nicht, dass wir sie langfristig damit schwächen. Versteh mich richtig: Es ist gut, deine Mitarbeiter zu unterstützen, handlungsstark zu sein und in die Umsetzung zu gehen. Wichtig ist dabei, dass du dies aus einer wertschätzenden inneren Haltung heraus tust.

Wenn du Entscheidungen triffst, die kurzfristig einen Gewinn für dich und dein Unternehmen darstellen, halte inne und überlege dir die langfristigen Folgen, die deine Entscheidung in sich birgt. Führe sie dir vor Augen.

Frage dich, was dich diese Entscheidung kostet.

Monetär:

Emotional:

Physisch:

Seelisch:

Frage dich, was deine Entscheidung für Auswirkungen hat auf:

Die Menschen:

Deine Kindeskinder:

Die Tiere:

Den Planeten:

Weise zu handeln bedeutet, eine Lösung zu suchen, die kurzfristige Erfolge nicht auf Kosten der langfristigen Entwicklung durchsetzt. Das kann und wird dir als Führungskraft einiges abverlangen. Hier werden deine Werte und deine Integrität in besonderem Maße gefordert. Nimm dir Zeit, um über die folgenden Fragen nachzudenken und deine Antworten darauf zu finden:

Bist du bereit, auf den kurzfristigen Gewinn zu verzichten, wenn es der langfristige Erfolg erfordert?

Bist du mutig genug, dich dafür zu öffnen, dass es eine bessere Lösung gibt und wirst du danach suchen?

Bist du bereit, für die Suche nach einer besseren Lösung einzustehen, auch wenn deine Stakeholder dafür (noch) kein Verständnis haben?

Bist du stark genug, Transparenz zu schaffen und den Gegenwind auszuhalten?

Welchen Preis zahlst du, wenn du den Gegenwind nicht aushalten kannst?

Bist du bereit, diesen Preis zu bezahlen?

7. SCHLÜSSEL:
SEI MUTIG & BEREIT
ZU HANDELN

„Wir reden viel und tun wenig", sagte neulich ein lieber Freund zu mir in Bezug auf den Arbeitsstil in seinem Unternehmen. Wer kennt das nicht. Endlose Meetings, die Zeit und Kraft rauben, am Ende jedoch zu keinem greifbaren Ergebnis führen.

Wenn du die ersten sechs Schlüssel durchlaufen und Klarheit darüber erlangt hast, was von dir und deinem Team verwirklicht werden will, ist es Zeit zu handeln.

Meine Beobachtung ist, dass hierin eine der größten Herausforderungen liegt. Wir bleiben in unserem Kopf, verkomplizieren die Dinge unnötig und scheuen uns davor, zur Tat zu schreiten und mit der Realität in Kontakt zu kommen.

Es ist Zeit, aus diesem Muster auszubrechen. Schaue dir den Kernsatz, den du im zweiten Kapitel für dich formuliert hast, noch einmal genau an. Schreibe die drei wichtigsten Hebel auf, die dich in besonderem Maße dabei unterstützen, dieses Ziel zu erreichen:

1. _____

2. _____

3. _____

Frage dich, was der nächste wesentliche Schritt diesbezüglich ist. Führe dir für jeden dieser drei Hebel nur jeweils einen Schritt vor Augen, damit du fokussiert bleibst.

1. Hebel:

_____

Nächster Schritt:

_____

2. Hebel:

_____

Nächster Schritt:

_____

3. Hebel:

_____

Nächster Schritt:

_____

Setze diese drei Schritte jetzt um. Wenn du das nicht kannst, ist das ein Zeichen dafür, dass du die Schritte zu groß definiert hast. Mach sie kleiner. Definiere sie so, dass du sie jetzt umsetzen kannst. Handle. Begib dich ins Ungewisse. Wenn du einen Schritt vollzogen hast, konzentriere dich auf den nächsten Schritt.

Erinnere dich daran, dass große Erfolge die Folge von vielen kleinen Schritten sind.

Konsultiere dein Team und finde mit ihm eine gemeinsame Sicht auf folgende Fragen:

Was sind unsere drei wesentlichen Hebel, um unser übergeordnetes Ziel zu erreichen?

Was ist pro Hebel der jeweils nächste Schritt?

Du und dein Team habt nun die drei wesentlichen Dinge definiert, die euch eurem Ziel näherbringen. Fokussiert euch darauf.[7]

Gib deinen Mitarbeitern dieses Hilfsmittel an die Hand, so dass jeder Einzelne in Bezug auf das gemeinsame Ziel kleine Schritte vorwärtsgehen kann. Sorge dafür, dass sich dein Team über die Schritte abstimmen kann, damit sich die einzelnen Teammitglieder nicht in die Quere kommen, aber mach bewusst keine „Rocket Science" daraus. Nutze die Kraft der Umsetzung und spüre den Fortschritt. Du als Unternehmer musst alles daran setzen, diesen Fortschritt sichtbar und erfahrbar für dein Team zu machen. Das bedeutet, dass du die Rahmenbedingungen dafür schaffst, in die Umsetzung zu gehen. Anstatt also fünf Leute für acht Monate an einer Aufgabe sitzen zu lassen, überlege ob es nicht besser ist, zwanzig Mann dafür abzustellen und für deine Mitarbeiter erfahrbar zu machen, dass es vorwärtsgeht. Diese Energie zu spüren motiviert, so dass du monetär wahrscheinlich weniger investierst, weil deine Leute – beflügelt vom erlebten Fortschritt – schneller und besser arbeiten werden.

Wenn du und dein Team euch erlaubt, groß zu träumen, erfordert

---

7   Timothy Ferriss hat in seinem Buch „Die 4-Stunden Woche" eine wunderbare Frage formuliert, die dir dabei hilft, fokussiert zu handeln. Sie lautet: „Bin ich gerade produktiv oder nur aktiv?", Seite 98.

es Mut, das scheinbar Unmögliche zu wagen, die Reise anzutreten, ohne zuvor das Ende zu kennen. Das ist Teil unseres Lebens. Wenn wir ehrlich sind, wissen wir, dass wir uns ins Ungewisse begeben. Sich dennoch auf den Weg zu machen, erfordert von uns, die Schwelle zu überschreiten und Schritt für Schritt auf unserem Weg zu gehen in dem Vertrauen, dass wir sicher und versorgt sind. Dass wir Lösungen finden werden und uns von ungeahnter Seite Unterstützung zuteilwird. Das Vertrauen in den Prozess ist häufig schwer zu finden. Wir quälen uns mit Gedanken und suchen Beweise dafür, dass es gut ausgehen mag.

Zu handeln, obwohl du das Ende nicht sicher absehen kannst, erfordert Mut. Bedenke, dass dies nicht bedeutet, keine Angst zu haben. Mut ist die Fähigkeit, trotz der Angst voranzugehen.[8] Das wiederum verlangt von dir zu vertrauen.

Vertrauen ist die innere Gewissheit, dass die Situation – unabhängig davon, was dir passiert – eine Lernerfahrung in sich birgt, die dich wachsen lässt. Das bedeutet, dass du mit jedem Schritt, den du gehst, besser bist als je zuvor. Es bedeutet, loszulassen und dich einer höheren Kraft anzuvertrauen. Ich persönlich vertraue dem Lauf der Natur, weil sie weise ist und vergegenwärtige mir, dass ich als Lebewesen Teil dieser Natur bin. Mich innerlich für die Weisheit zu öffnen, gibt mir Impulse und Einblicke, die mir mit der beschränkten Sichtweise meines Egos verschlossen bleiben.

Was verstehe ich unter Ego in dem Zusammenhang? Das Ego ist dein Selbstbild, das du im Außen aufbaust in dem Bestreben, dich gut zu fühlen. Du legst beispielsweise besonderen Wert darauf, als wohlhabend anerkannt zu werden und bringst dies mit deiner Kleidung, deinem Auto oder einem besonderen

8   In Anlehnung an James O. Prochaska, John C. Norcross, Carlo Di Clemente, Changing for good, Seite 156.

Lebensstil zum Ausdruck. Versteh mich richtig: Gegen all diese Dinge ist nichts einzuwenden. Allerdings solltest du dich niemals damit verwechseln. Du bist nicht deine Kleidung, dein Auto oder dein Lebensstil. Du bist auch nicht das, was die Leute über dich erzählen. Du bist wesentlich wertvoller als all das zusammen.

Immer dann, wenn du einen vermeintlichen inneren Mangel über Äußerlichkeiten zu kompensieren suchst, begibst du dich in eine äußere Abhängigkeit. Damit frönst du deinem Ego. Du möchtest das Auto in diesem Fall nicht aus purer Lebensfreude fahren, sondern weil du etwas beweisen möchtest. Hier gilt es, den Fokus zu verändern. Öffne dich für deinen inneren Reichtum. Erkenne, wer du bist. Erinnere dich. In diesem Fall kannst du das tolle Auto fahren, wenn es dir eine Herzensangelegenheit ist, du brauchst es aber nicht für deinen Seelenfrieden. Du bist davon unabhängig, denn du bist dir deines Wertes bewusst, ob mit oder ohne Auto.

Der innere Ort, aus dem heraus du handelst, ist für die Frage entscheidend, ob du deinem Ego nachgehst oder deine Lebenskraft zum Ausdruck bringst. Von außen betrachtet kann dies nicht unterschieden werden. Du selbst weißt aber, ob du etwas tust, um einen vermeintlichen Mangel zu kompensieren oder einfach nur, weil es ein Ausdruck deines Selbst ist.

Wir alle haben unser Ego. Anstatt es auszumerzen, sollten wir es in Balance halten. Wir sollten darauf achtgeben, wenn wir uns über Gebühr selbst erhöhen. Gleichzeitig sollten wir wachsam sein, wenn wir uns nicht erlauben, in unsere Kraft zu treten und uns kleiner machen, als wir sind, was durch zermürbende Selbstzweifel zum Ausdruck kommen kann. Du solltest dir erlauben, in die Balance zu kommen, zu deiner Stärke zu stehen und dir gleichzeitig die Demut vor dem Leben erhalten.

Weise zu führen bedeutet, deine Mitarbeiter in ihrem Wert zu erkennen und das nicht mit Äußerlichkeiten zu verwechseln. Besonders dann, wenn eines deiner Teammitglieder im Augenblick nicht die Leistung erbringt, die du dir wünschst. Begegne dem Menschen respektvoll und erkenne, wie wertvoll er ist. Unterstütze ihn gleichzeitig mit Herz und Verstand dabei, zu handeln und sich (wieder) mit seiner Stärke zu verbinden.

Eine wesentliche Frage, die dir und deinem Teammitglied dabei hilft, ist folgende:

„Was lernen wir aus dieser Situation?"

Das führt uns direkt zum nächsten Schlüssel.

8. SCHLÜSSEL:
ÖFFNE DICH FÜR
DIE LERNERFAHRUNG

An dieser Stelle möchte ich dich zu einem Gedankenspiel einladen: Angenommen alles, was du erlebst, wäre allein geschaffen worden, damit du etwas lernst. Lass dich bitte vollständig auf diesen Gedanken ein. Schau dir dazu einmal eine Situation aus deinem Berufs- oder Privatleben genauer an. **Nimm die Gegebenheit, die dich im Augenblick am meisten fordert und schreibe die wesentlichen Dinge, die du beobachtest, nachfolgend auf. Betrachte die angenehmen Momente genauso, wie die unangenehmen:**

Unterstelle, dass diese Situation der perfekte Helfer auf deinem Entwicklungsweg ist. Jetzt frage dich, was diese Situation dich lehren möchte. Dabei ist es wichtig, nicht sofort auf das Offensichtliche zu springen. Dazu möchte ich dir ein Beispiel geben. Angenommen du siehst dich im Augenblick einer Phase gegenüber, in der du den Eindruck hast, ständig kritisiert zu werden. Es scheint, als schreie dich überall der Satz an: „Es ist nicht genug." Jetzt könntest du auf die folgenden Gedanken kommen: „Ja, der Kunde hat Recht, wir müssen in Bezug auf XY unsere Leistung verbessern." „Ja, der Aufsichtsrat hat Recht, ich muss mich in Bezug auf CZ verbessern."

Natürlich kann es sein, dass es Raum für Entwicklung für dich und dein Team gibt. Nutze das Feedback und stoße die Verbesserungen an. Wenn wir uns die Situation auf einer tiefer liegenden Ebene ansehen, könnte es aber auch Zeit für die folgenden Lernerfahrungen sein:

1) Zu erkennen, zu spüren und zu erfahren, dass du gut genug bist, so wie du bist. Anzuerkennen, dass es immer Luft nach oben gibt und gleichzeitig einen tiefen Frieden mit dir und deinen Kompetenzen zu erlangen. Es gilt hier den Wettkampf um den ersten Platz beiseite zu lassen und Frieden zu finden. Der Wettkampf dient nur dazu, der Welt zu beweisen, dass du etwas Besonderes bist, was dich wiederum von den Menschen trennt und gleichzeitig einen – von dir erlebten – vermeintlichen Mangel zum Ausdruck bringt. Erkenne das. Es gibt nichts zu beweisen. Verbinde dich mit deiner Kreativität und deiner Weisheit. Indem du das tust, erkennst du deine Essenz, die jeglichen Vergleich entbehrt. Erkenne, dass es nicht darum geht der Beste zu sein, sondern die beste Lösung für alle zu erwirken.

Dem Kunden, Vorstand etc. wertschätzend und kraftvoll Grenzen aufzuzeigen und dich von unrealistischen Erwartungen zu trennen – zum Wohle aller. Warum ist das so? Weil der Kunde / Vorstand dadurch vielleicht lernt, eigene unrealistische Erwartungen an sich selbst zu erkennen und zu transformieren. Weil du deine Kräfte nicht damit verschwendest, unrealistische Erwartungen anderer zu erfüllen, sondern sie zur Erreichung des übergeordneten Zieles nutzt

2) Zu erkennen, dass Druck jede Form von Inspiration vernichtet[9]. Zu lernen, diesen Druck zu transformieren, mit der eigenen Kreativität in Kontakt zu bleiben und auf den Lauf des Lebens zu vertrauen.

3) Untersuche deine Situation also von den unterschiedlichsten Perspektiven und erkenne, was der tieferliegende Sinn darin ist. Nimm dir die Zeit, das zu ergründen. Im Anschluss kannst du das gemeinsam mit deinem Team tun.

Schreibe deine Erkenntnisse nachfolgend auf:

---

9   Je mehr Druck du auf deine Mitarbeiter ausübst, desto eher werden sie in den sogenannten „Fight or Flight Modus" (Notfallreaktion) wechseln. In diesem Zustand verbleiben ihnen nur drei Handlungsalternativen: Kampf, Flucht oder Totstellreflex. Damit verhinderst du das kreative Finden von Lösungen. Weitere Einzelheiten zur Notfallreaktion findest du u. a. bei Gerald Hüther et al, Embodiment, Seite 78; ders., Biologie der Angst, Seite 60 ff.; Gunther Schmidt, Einführung in die hypnosystemische Therapie und Beratung, Seite 24 ff., jeweils mit tieferen Ausführungen zur Angstdynamik.

Vergegenwärtige dir: Fehler sind dazu da, gemacht zu werden!

Dieser Satz ist entscheidend für deinen Erfolg und den deines Teams!

Das klingt für dich vielleicht komisch. Setzen doch viele Menschen alles daran, keine Fehler zu begehen.

Dazu möchte ich einen Blick auf die Definition des Begriffs Fehler werfen. Frage dich bitte, was für dich ein Fehler ist? Woran erkennst du als Erstes, dass du einen Fehler gemacht hast?

Du könntest sagen, dass du ihn an einem negativen Gefühl erkennst oder daran, dass sich das gewünschte Ergebnis nicht einstellt.

Was aber wäre, wenn du diese Lernerfahrung benötigst, um zu wachsen? Was wäre, wenn sie entscheidend auf deinem Weg ist und du es nur nicht erkennst? Woher weißt du, dass es für alle Beteiligten das Beste ist, dass sich das von dir avisierte Ergebnis zu dem von dir avisierten Zeitpunkt auf die von dir avisierte Weise einstellt? Beantworte dir diese Frage!

Ist es nicht vielmehr so, dass wir manche Lernerfahrung benötigen, um uns zu hinterfragen oder die Sache noch einmal aus einer ganz neuen Perspektive zu betrachten? Ist es nicht häufig so, dass wenn wir das tun, sich noch viel bessere Ergebnisse einstellen als die, die wir ursprünglich angestrebt haben? Sind nicht die Phasen, die „schmerzhaft" sind, die Phasen, in denen unsere Bedürfnisse und Wünsche zu Tage treten? Sind es nicht die Phasen, die – wenn wir sie mit einem offenen Herzen und klaren Verstand durchlaufen haben – uns auf ein ganz neues Level bringen?

Wenn du oder deine Mitarbeiter einen vermeintlichen Fehler begehen, lernt ihr nachhaltig. Die Erfahrung – im Gegensatz zu rein theoretischen Überlegungen – führt dazu, dass unser ganzer Körper und unsere Emotionen an Bord sind. Es gibt kein nachhaltigeres Lernen.

Wenn du dir oder deinen Mitarbeitern nicht erlaubst, Fehler zu machen, wird deine Organisation handlungsschwach oder womöglich völlig ohnmächtig. Zudem verhinderst du das Wachstum deines Unternehmens und deiner Mitarbeiter. Betrachte jeden Fehler, der gemacht wird, als Investition in die Weiterentwicklung deiner Leute und damit deines Unternehmens.

Aus diesem Grunde gönne dir und deinen Mitarbeitern diese wesentliche Erfahrung. Sei bereit, deine Lernerfahrung zu machen und immer wieder die zuvor genannten Schritte zu reflektieren. Unterstütze deine Mitarbeiter dabei, dasselbe zu tun. Du kannst jederzeit, wenn du auf Hindernisse stößt, diese Fragen durchlaufen:

1) Handle ich / handeln wir noch zum höchsten Wohle aller? Wenn nein, wie kann ich / können wir das ändern?

2) Was will meine / unsere Seele?

3) Habe ich / haben wir eine klare Absicht formuliert, die drei Schritte umzusetzen?

4) Was sagt das Team zu den vorgenannten Fragen? Wen könnte ich noch zu Rate ziehen?

5) Wenn dieser Prozess ein Tier oder eine Pflanze wäre, welche wäre es? Und was würde dieses Lebewesen mir / uns in Bezug auf mein / unser Hindernis raten? Wenn es in Bildern spricht: Was bedeutet dieses Bild ganz konkret für meine / unsere Situation?

6) Was sind die langfristigen Folgen meines / unseres Tuns?

7) Was will von mir / von uns gesehen, erfahren und gelernt werden?

8) Unter Berücksichtigung der Antworten auf die vorgenannten Fragen: Was sind meine / unsere nächsten drei wesentlichen Schritte?

Wenn du merkst, dass du handlungsstark zur Tat schreitest, achte auf ein interessantes Phänomen, das ich im Alltag der Führungskräfte beobachte. Viele Führungskräfte sind sehr machtvoll. Sie verstehen sich darauf, Ideen in Handlungen umzusetzen und das ist eine kraftvolle Ressource. Macht benötigt aus meiner Sicht jedoch immer einen Gegenspieler, die Liebe. Sie verhindert, dass die Person zum Tyrannen wird. Denn die Hybris des Tyrannen sorgt dafür, dass er irgendwann tief fällt oder großes Unheil anrichtet. Macht und Liebe in Kombination sind die Bausteine von Weisheit. Nutze deine Handlungsstärke mit einem offenen Herzen. Widme dich liebevoll den Dingen und suche bewusst nach Lösungen, die eine Bereicherung darstellen. Es kann hilfreich sein, dich zu fragen, wie du dich zum Beispiel einem Familienmitglied, das du sehr schätzt und magst, gegenüber verhalten würdest.

9. SCHLÜSSEL:

DIE DREI SABOTEURE
AUF DEINEM WEG
UND WIE DU SIE
TRANSFORMIEREN
KANNST

Als Führungskraft und Unternehmer möchtest du etwas bewegen. Das ist deiner Rolle immanent und das ist gut so. Wenn das der Fall ist, kannst du jedoch auf drei Saboteure[10] stoßen, die dir zum Fallstrick werden können, wenn du sie nicht erkennst und transformierst. Bei diesen drei Saboteuren handelt es sich um die folgenden:

1) Der Angreifer

2) Das Opfer

3) Der Retter

Was versteckt sich dahinter?

Der Angreifer

Der Angreifer zeigt sich immer dann am deutlichsten, wenn wir uns hohe Ziele gesteckt haben und merken, dass wir nicht so schnell vorankommen, wie wir uns das wünschen. In diesem Fall kann es passieren, dass du zum Angreifer wirst. Du schreibst dann eine Geschichte, in der die anderen schuld daran sind, dass du dein Ziel nicht erreichst. Geschichten, die im Wirtschaftsleben immer wieder vorkommen, können dann zum Beispiel folgende sein:

- Meine Mitarbeiter sollten sich mehr einbringen.
- Der Staat sollte Unternehmer mehr unterstützen.
- Die Kunden sollten gefälligst mit dem zufrieden sein, was sie bekommen.

---

10   In Anlehnung an Alberto Villoldo, Mutiges Träumen, Seite 77 ff.

Wenn du zum Angreifer wirst, forderst du mit ausgestrecktem Finger ein bestimmtes Verhalten von deinem Gegenüber. Du bist der bewussten oder unbewussten Überzeugung, dass du ein Recht darauf hast, dass sich eine Person auf eine bestimmte Weise dir gegenüber verhält. Diese Erwartungshaltung forderst du ein. Mit einer Energie, die (passiv-)aggressiv ist. Wenn du in dieser Geschichte steckst, wendest du dich vielleicht an vertraute Personen und echauffierst dich über das Verhalten einer anderen Person bzw. ihre Untätigkeit. Du rechtfertigst deinen Angriff damit, im Recht zu sein.

Das Opfer

Wenn du dich als Opfer erlebst, fühlst du dich den Umständen ausgeliefert. Du lässt zu, dass andere Menschen wie eine Horde Büffel über dich hinüberlaufen und beschwerst dich am Ende, dass das passiert ist. Du fühlst dich ohnmächtig. Du bist in diesem Augenblick nicht in Kontakt mit deiner eigenen Stärke, sondern machst die anderen Personen dafür verantwortlich, dass du dich elend fühlst. Diese Opferhaltung kann beispielsweise in folgenden Sätzen zum Ausdruck kommen:

* Meine Mitarbeiter lassen mich im Stich.
* Meine Kunden fordern immer mehr von uns.
* Alles muss ich alleine machen.

Wenn du in diese Geschichte investierst, fühlst du dich schwach. Es kann passieren, dass du zum Angreifer wirst, um diese Schwäche nicht fühlen zu müssen.

Der Retter

Wenn ich den Retter erwähne, sehen mich viele an und fragen, was denn daran negativ sein soll. Es scheint doch eine Tugend zu sein, andere Menschen zu retten. In der Tat, ist das eine Haltung, die uns in der Regel ein gutes Gefühl gibt. Was also soll daran schlecht sein? Hier gilt es zu erkennen, dass nach der Dualität der Dinge jeder Retter ein Opfer erzeugt. Gleichzeitig ist es wichtig zu reflektieren, warum der Retter rettet. In der Regel gibt es ihm ein gutes Gefühl. Im schlimmsten Fall geht es also weniger um den Geretteten als um den Retter, der mit wehendem Gewand auf seinem weißen Pferd in die Burg geritten kommt. Das ist eine Geschichte, die nicht zum höchsten Wohle aller ist. Sie dient in erster Linie dem Ego des Retters. Versteh mich richtig: Es geht nicht darum, andere Menschen hängen zu lassen. Jedoch gibt es eine wesentlich konstruktivere Art zu unterstützen als zu retten. Ich komme auf den nächsten Seiten darauf zu sprechen.

Wenn du als Führungskraft dem Saboteur des Retters verfallen bist, kann sich das in folgenden Aussagen / Verhaltensweisen zeigen:

• Wenn du als Führungskraft wiederholt Mitarbeiteraufgaben übernimmst, weil du denkst, die andere Person kann es nicht oder zumindest nicht so, wie du es dir wünschst: „Ich mache das schnell für dich."

• „Meine Kunden können das einfach nicht ohne mich. Aus diesem Grunde muss ich ständig präsent sein und alles für meine Kunden tun."

• „Ich muss bei allen Gremien / Meetings dabei sein, weil ohne mich nichts funktioniert."

Wie du diese Saboteure transformierst

Bitte schaue dir nun deine Situation an und frage dich ehrlich, wo du welchen der obigen Saboteure zum Ausdruck bringst. Wir alle befinden uns immer wieder in einer dieser Rollen. Das ist kein Manko. Es geht darum, dein Bewusstsein dafür zu schärfen und dich für eine neue Geschichte zu entscheiden. Dazu gilt es zunächst das anzuerkennen, was du im Augenblick erlebst. Schreibe es nachfolgend auf:

Jetzt stellt sich natürlich die Frage, wie du von diesen destruktiven Mustern in konstruktive wechseln kannst. Dazu möchte ich jedem der oben genannten Saboteure einen Archetyp gegenüberstellen, der dir hilft, eine kraftvolle Geschichte zu schreiben. Also schauen wir uns das im Einzelnen an:

Der Angreifer versus der Weise Mann / die weise Frau

Wenn du merkst, dass du eine Geschichte des Angriffs schreibst, kannst du dich bewusst dazu entscheiden, aus der Geschichte auszusteigen. Das gelingt dir am besten, indem du dich mit dem Archetypus des / der Weisen verbindest. Anstatt darauf zu pochen, dass sich eine Person auf eine bestimmte Weise verhält, unterstellst du, dass es einen guten Grund dafür gibt, dass sich die Situation so zeigt, wie sie sich zeigt. Du betrachtest bewusst die Lernerfahrung (siehe Schlüssel 8) und bist dankbar dafür. Verzögerungen beispielsweise können ein Hinweis darauf sein, dass du etwas Wichtiges übersehen hast. Anstatt die beteiligten Personen mit den Worten anzugreifen: „Jetzt stellt euch mal nicht so an, macht gefälligst eure Arbeit.", könntest du gemeinsam mit ihnen danach Ausschau halten, was ihr bis dato noch nicht berücksichtigt habt. Du könntest die Situation als wertvollen Hinweis verstehen, kurz inne zu halten und die Richtung zu prüfen.

Damit dir das gelingt, ist es wichtig, dich als Teil deines Teams zu betrachten, anstatt dich innerlich davon zu distanzieren und auf die Idee zu kommen, dass deine Mitarbeiter das Problem sind. Das erzeugt nur mehr Trennung und Kampf. Du sitzt mit deinem Team in einem Boot. Ihr seid miteinander verbunden und wachst aneinander. Das, was sich dir zeigt, will dich etwas lehren. Wenn du die Lernerfahrung integriert hast, können auch deine Mitarbeiter etwas lernen und ihr könnt den nächsten Entwicklungsschritt vollziehen.

Das Opfer versus der friedvolle Krieger

Während das Opfer sich den Umständen ausgeliefert fühlt, nutzt der friedvolle Krieger jede Situation, um zu wachsen. Er betrachtet die Hindernisse, Hürden und Rückschläge als eine Möglichkeit, sich mit seiner Kraft zu verbinden und sie auszubauen. Wir Menschen werden dadurch stärker, dass wir uns mit unseren Untiefen auseinandersetzen und sie transformieren. Das ist zugegebenermaßen eine Arbeit auf der Ebene der Persönlichkeitsentwicklung, auf der wir unseren Dämonen ins Gesicht schauen.

Es erfordert Mut und die Bereitschaft, sinnbildlich zu sterben. In Wahrheit sterben z.B. bestimmte Glaubenssätze, Selbstannahmen oder Verhaltensweisen, die nicht mehr gut für uns sind. In der Regel scheuen wir Menschen davor zurück. Dieses Tal zu durchschreiten ist jedoch erforderlich, um innerliche Stärke zu entwickeln. Wie der Baum, dessen Wurzeln sich durch das Erdreich arbeiten müssen, um beim nächsten Sturm Halt zu finden, müssen wir uns mit unseren Untiefen auseinandersetzen. Wenn die Wurzeln des Baumes nur die leichte Erde durchdringen müssen und jeder Stein sorgsam aus dem Weg geräumt wird, damit der Baum möglichst schnell wachsen kann, wird er nicht den Halt finden, den er benötigt, um dem Sturm zu trotzen. Genauso verhält es sich mit unserer Entwicklung. Wir erfahren Leid und erleben Situationen, von denen wir denken, dass wir nicht genug Kraft haben, sie zu meistern. Wenn wir den Mut aufbringen, uns dem zu stellen und da durchzugehen, werden wir mit innerer Stärke belohnt. Es gibt keine Abkürzung auf diesem Weg!

Anstelle dich also als Opfer zu betrachten, betrachte dich als friedvoller Krieger. Unterstelle, dass du die Kraft hast, diese Situation zu meistern in dem Vertrauen, dass sich dir nur die Situationen zeigen, die du zu meistern in der Lage bist. Stelle dich den Situationen aus der Haltung des friedvollen Kriegers heraus. Gehe Schritt für Schritt in dem Vertrauen, dass der Weg alles für dich bereithält.

Der Retter versus der Handelsmann

Vermeintliche Schwäche zu ertragen ist für viele Führungskräfte eine große Herausforderung. Wenn es einem Mitarbeiter sichtlich nicht gut geht, ist die Versuchung groß, den anderen retten zu wollen. Auch wenn deine Absichten noch so nobel sein mögen, ist es wichtig, dass du dir die Konsequenzen dieser Haltung vor Augen führst. Du schwächst deinen Mitarbeiter durch das Retten-Wollen. Warum? Weil du ihm die Gelegenheit verwehrst, sich aus eigener Kraft aus dieser Situation zu befreien. Sich selbst aus der Situation zu befreien, bedeutet zum einen Hilfe zur Selbsthilfe zu gewähren. Zum anderen bedeutet es, deinem Gegenüber zu erlauben, dir im Gegenzug etwas für deine Unterstützung zu gewähren (Tauschgeschäft).

Hilfe zur Selbsthilfe

Jede deiner Handlungen sollten darauf abzielen, deinem Gegenüber die Fähigkeiten zu vermitteln, die er benötigt, um zukünftig eigenständig diese Herausforderung zu meistern. Jetzt sagst du vielleicht, dass ein Patient keine Operation an sich selbst durchführen kann. In diesem Fall operierst du dein Gegenüber selbstverständlich. Hilfe zur Selbsthilfe kann in diesem Fall bedeuten, dein Gegenüber zu schulen, wie er eine solche Operation im Vorfeld, z.B. durch eine gesunde Ernährung, vermeiden kann.

Wenn du Führungskraft bist, vergegenwärtige dir, mit welchen „Problemen" dein Mitarbeiter zu dir kommt. Frage dich, was es in diesem konkreten Fall bedeuten kann, Hilfe zur Selbsthilfe zu gewähren. Was musst du tun, damit er / sie zukünftig seine / ihre Herausforderungen eigenständig lösen kann oder gar nicht erst in diese missliche Situation gerät?

Welches Wissen solltest du deinem Mitarbeiter vermitteln?

Welche Befugnisse solltest du ihm einräumen?

Welche Fähigkeiten solltest du ihn lehren? Welche Aufgaben oder Projekte eignen sich dazu am besten?

Das Tauschgeschäft

Deinem Gegenüber zu erlauben, dir im Gegenzug etwas für deine Unterstützung zu gewähren, stellt die andere Seite dar. Anstatt dass du Almosen verteilst, leistet dein Gegenüber einen aktiven Beitrag zur Lösung dieser oder einer anderen Herausforderung. Dadurch gibst du deinem Gegenüber zu verstehen, dass auch er Ressourcen besitzt, die gleichermaßen wertvoll sind und ihm dabei helfen, sich aus der Lage, in der er sich im Augenblick befindet, zu befreien. Dazu betrachte die Stärken deines Mitarbeiters und frage dich, wie er diese einsetzen kann, um dich zu unterstützen. Lade ihn zu einem Tauschgeschäft ein, damit erinnerst du ihn daran, dass auch er etwas zu geben hat. Das ist wesentlich kraftvoller. Es entledigt ihn / sie gleichzeitig von dem Gefühl, dir etwas schuldig geblieben zu sein.

Ein wunderbares Mittel um diese Form der Unterstützung zu gewähren ist, dein Gegenüber einzuladen mit drei Lösungsmöglichkeiten zu dir zu kommen.[11] Du kannst im Anschluss gemeinsam mit deinem Mitarbeiter diese Varianten durchsprechen und ihm sagen, welche Chancen und Risiken du siehst. Wenn du so handelst, arbeitest du aus der Haltung des Handelsmannes. (1) Du gewährst Hilfe zur Selbsthilfe, indem du dein Gegenüber in Lösungen denken lässt. (2) Gleichzeitig gehst du einen Tausch ein: Du gewährst deinem Mitarbeiter deine Einschätzung. Im Gegenzug dazu lässt du deinen Mitarbeiter eigenständig Lösungsansätze erarbeiten.

In dem Zusammenhang möchte ich dich noch auf den Unterschied zwischen Mitleid und Mitgefühl aufmerksam machen.

Wenn wir Mitleid empfinden, leiden wir mit der anderen Person.

---

11   In Anlehnung an Kenneth Blanchard, Spencer Johnson, Der 01 Minuten Manager, Seite 32 ff.

Damit sind es schon zwei Personen, die leiden. Gleichzeitig steckt folgende Energie dahinter, die ich zur Verdeutlichung an dieser Stelle bewusst überzeichnet darstelle: „Du bist arm dran, du bekommst es im Augenblick nicht hin. Jetzt weinst du auch noch. Wie erbärmlich. Was für ein Glück, dass ich nicht in dieser Situation stecke. Ich rette dich, damit dieses Elend schnell ein Ende hat. Oh, jetzt fühle ich mich gleich besser." In dieser Situation begegnen wir unserem Gegenüber nicht auf Augenhöhe.

Wenn wir ehrlich sind, haben wir in diesem Fall die Hoffnung aufgegeben, dass sich unser Gegenüber selbst aus dem Schlamassel befreien kann. Gleichzeitig haben wir kein Vertrauen darin, dass diese Erfahrung für unser Gegenüber eine wichtige Lernerfahrung bereithält. Also retten wir und damit schwächen wir.

Wir handeln, weil wir es nicht aushalten, in dieser Situation zu verweilen. Das hat etwas mit uns zu tun. Hier kann es helfen, dass du dich mit folgenden Fragen auseinandersetzt:

Wann war ich einmal in einer solchen Situation?

Was hat mir damals geholfen?

Wie gehe ich mit meinen eigenen Versagensängsten um?

Was finde ich erbärmlich? Wann habe ich mich einmal so gefühlt?

Mitgefühl hingegen handelt aus einer ganz anderen Haltung heraus. Wir stehen dem anderen bei, fühlen mit ihm, allerdings ohne dass wir leiden.

Es ist eine Gabe, dem anderen in dieser vulnerablen Phase zur Seite zu stehen, ohne die Situation verändern zu müssen. Du unterstützt dein Gegenüber, indem du da bist und diese Situation gelten lässt. Du weißt, dass sie Teil des Lebens[12] ist und dass wir uns alle schon einmal in einer ähnlichen Phase befunden haben. Du hast verstanden, dass das Leben uns mit zum Teil harten Lektionen das lehrt, was es für uns zu lernen gilt. Indem du diese Situation zunächst nicht versuchst zu verändern, gibst du deinem Gegenüber eine kraftvolle Botschaft mit auf den Weg: „Ich respektiere deine Lernerfahrung. Es gibt nichts, für das du dich schämen, entschuldigen oder elend fühlen musst. Ich kann in dieser herausfordernden Stunde bei dir sein und dich so annehmen, wie du dich mir im Augenblick zeigst. Ich weiß, du bist viel mehr als das." Dort liegt die Kraft. Wenn du das kannst, wirst du dein Gegenüber unterstützen, eigene Lösungen zu finden. Du wirst gleichzeitig kraftvolle und wertschätzende Beziehungen zu deinen Mitarbeitern aufbauen. Sie werden sich immer authentischer zeigen, was eine große Leichtigkeit in dein Team bringt. Es besteht kein Grund mehr dafür, sich verstellen zu müssen. Jeder fühlt sich so angenommen, wie er ist. Auch in den vermeintlich schwierigen Phasen.

Nun ist es für dich Zeit, in kraftvolle Geschichten zu investieren! Schau dir dazu die Situationen an, in denen du Geschichten des Angreifers, des Opfers und des Retters gespielt hast. Nun schreibe diese Geschichten um. Frage dich, wie du dich in diesen Situationen verhalten würdest, wenn du aus der Haltung des weisen Mannes / der weisen Frau, des friedvollen Kriegers und des Handelsmannes agieren würdest!

12   Haim Omer, Nahi Alon, Arist von Schlippe, Feindbilder, Seite 66 ff.

Nun hast du kraftvolle Geschichten geschrieben. **Frage dich, wie du dich künftig immer wieder daran erinnern kannst. Schreibe deine Ideen auf und trage dir eine Wiedervorlage im Kalender ein!**

10. SCHLÜSSEL:
STELL DEINE
BEWERTUNG ZURÜCK
& VERBINDE DICH MIT
DEINEM HUMOR

Unser Verstand ist ein kraftvolles Vehikel, das uns hilft, unsere Ziele zu erreichen, zu sezieren, zu bewerten, zu trennen. Ich bin ein großer Fan von unserem Verstand.

Gleichzeitig birgt er ein großes Risiko, denn er bewertet in der Regel schnell und hält uns im schlimmsten Fall davon ab, einen neuen Standpunkt einzunehmen. Damit laufen wir Gefahr, immer mehr von dem zu wiederholen, was wir im Grunde unseres Herzens nicht wollen.

Hier gilt es zu erkennen, wann du bewertest und dich für einen kurzen Augenblick von dieser Bewertung zu distanzieren. Das gibt dir Raum. Einen Raum den du benötigst, um Neues in die Welt zu bringen. Es gilt, innerlich flexibel und stark genug zu sein, deine Bewertung zu hinterfragen. Wenn ein Mitarbeiter sich auf eine Art und Weise dir gegenüber verhält, die du nicht magst, ist es einfach ihn abzuwerten. Das führt in der Regel zu einer sich immer schneller drehenden Abwärtsspirale. Du bewertest ihn, er bewertet dich und jeder ist der Meinung, dass der andere der Grund für dieses Dilemma ist.[13] Hier gilt es auszusteigen, sofern du weise führen möchtest. Dazu ist es sehr hilfreich, wenn du zunächst die Verantwortung für deinen Anteil an der Situation übernimmst.

---

13 In der Systemischen Therapie und Beratung sprechen wir in dem Zusammenhang von Zirkularität, einem Zustand, in dem einzelne Systeme wechselwirkend aufeinander Einfluss nehmen und so einen Kreislauf bilden, der keinen Anfang und kein Ende aufweist. Die Frage, wer welches Verhalten zum Anlass für seine Reaktion nimmt und damit der Meinung ist im Recht zu sein, hängt maßgeblich davon ab, wo die betreffende Person eine Interpunktion in diesem Geschehen setzt. Damit gibt es so etwas wie eine „objektive Wahrheit" nicht, vgl. Paul Watzlawick, John H. Weakland, Richard Fisch, Lösungen, Seite 35 f..

Beispielsweise kannst du dir folgende Fragen stellen:

Warum reagiere ich so heftig auf das Verhalten meines Gegenübers?

Woran erinnert mich dieses Verhalten?

Wann habe ich dieses Gefühl, dass das Verhalten in mir auslöst, zum ersten Mal empfunden?

Was will gesehen, verstanden und geheilt werden?

Was gilt es für mich, in dieser Situation zu lernen?

In der Regel wirst du schnell weiterlesen, weil die Beschäftigung mit solchen Fragen zunächst einen Fluchtimpuls in dir auslöst! Sei dir dessen bewusst und entscheide dich, bei dir anzufangen und hinzuschauen. Das ist der erste wesentliche Schritt, um weisere Entscheidungen zu treffen. Erkenne, dass die Ablehnung, die du verspürst, nichts über deinen Wert oder den des anderen aussagt. Ich wage zu behaupten, dass das gesamte Gefühls- und Verhaltensspektrum Teil des Menschseins ist. Je besser du dich kennst, desto besser kennst du die Welt. Je milder du mit deinen vermeintlich negativen Seiten umzugehen lernst, desto mitfühlender kannst du damit umgehen, wenn andere Menschen solche Verhaltensweisen an den Tag legen. Jeder von uns trifft jeden

Tag mehrfach die Entscheidung, sich an konstruktiven oder destruktiven Mustern zu beteiligen. Je bewusster du dir dessen bist und je mehr du in der Lage bist, dich für einen wertschätzenden und nutzbringenden Umgang zu entscheiden, desto friedvoller und leichter wird dein Dasein. Desto weisere Entscheidungen wirst du treffen. Desto vertrauensvoller werden deine Beziehungen. Desto mehr werden sich dir Menschen anvertrauen. Desto liebevoller wird der Umgang miteinander sein. Das gibt Raum, um euch mit eurer Weisheit und Kreativität zu verbinden und unterstützt euch letztlich dabei, erfolgreich eure Ziele zu verwirklichen.

Wenn du etwas in deinem Führungsalltag erlebst, das du bewertest, ziehe in Betracht, dass du dich irren kannst. Bleibe offen. Versuche hinter die Fassade zu blicken.

Eine wichtige Klarstellung an dieser Stelle: Mit „offen bleiben" meine ich nicht, dass du alles hinnehmen solltest, was sich dir zeigt. Im Gegenteil. Es will gelernt sein, klare und gesunde Grenzen zu setzen. Mir geht es eher darum, dass du deine Aufmerksamkeit von deinem Gegenüber abziehst und auf dich persönlich richtest. Nur dort bist du machtvoll. Die andere Person kannst du nicht ändern, es sei denn sie entscheidet sich dafür. Du kannst sie einladen, sich anders zu verhalten. Das sollte jedoch nicht dein erster Schritt sein. Dein erster Schritt sollte immer bei dir persönlich beginnen. Wenn du mit deiner Aufmerksamkeit bei deinem Gegenüber bleibst, wirst du dich ohnmächtig erleben und verhinderst gleichzeitig, für dich eine Auflösung der Situation herbeizuführen. Denn dazu ist es erforderlich, dass du deinen Fokus von dem anderen abziehst und auf dich persönlich legst. Den Blick auf dich gerichtet, kannst du verstehen, warum du so reagierst. Du kannst dir die liebevolle Anteilnahme zukommen lassen, um weiterzugehen. Du kannst erkennen, an welchen

Stellen es für dich darum geht, Grenzen zu setzen – wertschätzend und kraftvoll. Du kannst erkennen, mit welchen Mitarbeitern und Menschen du dich umgeben möchtest und mit welchen nicht. Nicht weil die anderen schuld sind und es verdient haben. Sondern einfach, weil es so ist. Du kannst die volle Verantwortung dafür übernehmen und es aushalten, wenn die andere Person dich kacke findet. Weil du weißt, dass dich deren emotionale Reaktion auf dein Verhalten nichts angeht und dass diese Reaktion nichts mit dir zu tun hat. Du kannst Anteil nehmen an dem Entwicklungsschritt, vor dem der andere im Augenblick steht. In dem Vertrauen, dass jeder Mensch seine Lernerfahrungen macht.

Wenn du bemerkst, dass in deinem Team Spannungen auftreten, ob nun in deiner Abteilung oder außerhalb davon, hilf deinen Mitarbeitern zu verstehen, welche Bewertungen Teil des Ganzen sind. Hilf ihnen offen zu bleiben, indem du vorangehst. Du kannst ihnen davon berichten, wann du einmal eine Bewertung als Wahrheit betrachtet hast und wie du das für dich aufgelöst hast. Lehre deine Leute, die Situation aus einer neuen Perspektive zu betrachten. Ein hilfreiches Mittel dafür ist das, was wir in der Systemischen Therapie als „Reframing" bezeichnen.[14] Wir gehen davon aus, dass jedes Verhalten und jede Äußerung als positiv oder negativ eingestuft werden kann. Unsere Bewertung hängt maßgeblich davon ab, in welchen Zusammenhang wir das Verhalten stellen.[15] Der Zusammenhang ergibt sich zum Beispiel aus der von uns wahrgenommenen Mimik, dem Tonfall oder den äußeren Begebenheiten. Wenn wir feststellen, dass eine negative Bewertung im Raum ist, unterstützen wir dabei, das Ganze aus einem anderen Blickwinkel zu betrachten. Wir suchen den Kon-

---

14 Zur Methodik des Reframing vgl. Arist von Schlippe / Jochen Schweitzer, a.a.O, Seite 177.

15 Gregory Bateson, Geist und Natur, Seite 152 ff., spricht in diesem Zusammenhang von Kontextmarkierungen.

text, in dem das vermeintlich Negative positiv konnotiert werden kann und unterstellen, dass das Verhalten unseres Gegenübers ein Lösungsversuch ist, auch wenn er noch so unangemessen sein mag.[16] Zum Beispiel:

Langsamkeit ist die Fähigkeit die einzelnen Schritte zum Erfolg bewusst auszukosten.

Neid ist die ehrlichste Form der Anerkennung.

Ignoranz bedeutet das Vertrauen meines Gegenübers, dass ich ohne seine Unterstützung eine Lösung herbeiführen kann.

Übe dich immer wieder darin das, was du als negativ bewertest, in einem anderen Licht zu betrachten. Das hält dich flexibel und jung! **Schreibe dazu im Folgenden einige Eigenschaften auf, die du als negativ bewertest. Im nächsten Schritt finde darin einen positiven Kern.**

Zu guter Letzt möchte ich dich einladen, deinen Humor zu nutzen. Humor ist ein kraftvolles Mittel, wenn es darum geht, sich selbst nicht so wichtig zu nehmen und Leichtigkeit in die Situation zu bringen. Es gibt nichts Schöneres, als von Herzen zu lachen,

16   Haim Omer, Nahi Alon, Arist von Schlippe, a.a.O., Seite 70 ff. mit weiterführenden Ausführungen.

auch über sich selbst. Mit Humor meine ich im Übrigen nicht Zynismus. Zynismus verpackt den Angriff in einen vermeintlichen Witz. Das ändert aber nichts an der Tatsache, dass es ein Angriff ist.

Humor ist Wahrheit mit einem offenen Herzen. Er zeigt, was vor sich geht und nimmt gleichzeitig das Geschehen liebevoll an. Wenn es dir schwerfällt, deine Situation mit Humor zu betrachten, mach folgende Übung:

Unterstelle, dass du der Schauspieler in einem Film bist. Frage dich, was für ein Film das ist und welche Rolle du dabei spielst. Male dir das Geschehen im Einzelnen aus. Frage dich, wer mit dir auf der Bühne steht. Wandle vor deinem inneren Auge das Geschehen um in eine Komödie. Wie würde der Film ablaufen? Welcher deiner Lieblingsschauspieler wäre dabei? Wie würde er die Situation inszenieren, um jeden zum Lachen zu bringen? Nutze deine Fantasie. Überzeichne ruhig die Rollen. Ziehe dir und den übrigen Schauspielern lustige Kleidungsstücke an und inszeniere das Ganze so, dass es dich zum Lachen bringt.

Im Folgenden kannst du deinen Film niederschreiben:

Vergiss nicht: Du kreierst deine Welt über die Geschichten, die du erzählst. Jeden Tag erzählen wir Geschichten.[17] Es sind deine Geschichten. Du kannst ein Drama daraus machen und dir erzählen, was alles schief gelaufen ist, an welcher Stelle du hereingelegt worden bist etc. Oder du entscheidest dich, aus dem Drama auszusteigen und eine kraftvolle Geschichte zu erzählen. Es liegt in deiner Macht. Nutze sie weise.

---

17 „Menschen sind unverbesserliche und geschickte GeschichtenerzählerInnen - sie haben die Angewohnheit, zu den Geschichten zu werden, die sie erzählen.", Jay S. Efran et al. Sprache, Struktur und Wandel, Seite 115.

KONTAKTADRESSEN

Weitere Inspirationen findest du in den Artikeln und in den Coconut Life Podcasts unter:
www.coconut-life.de

Für eine mögliche Zusammenarbeit im Rahmen von Organisations- und Teamentwicklungen sowie eines persönlichen Coachings wende dich an:

Coconut Life
Inhaberin Nina Stromann
Auf dem Lärchenberge 21a
30161 Hannover
T: 0511 9401806
E-Mail: hello@coconut-life.de
www.coconut-life.de

LITERATUR

Bateson, G. (2014). *Geist und Natur. Eine notwendige Einheit* (10. Auflage). Frankfurt a. M.: Suhrkamp

Blanchard, K., Johnson, S. (1983). *Der 01 Minuten Manager*. Reinbek bei Hamburg: Rowohlt

Chopra, D. (2008). *Das Buch der Geheimnisse* (2. Auflage). München: Arkana

Csikszentmihalyi, M. (2014). *Flow im Beruf. Das Geheimnis des Glücks am Arbeitsplatz*. Stuttgart: Klett-Cotta

Damasio, A. R. (2005). *Der Spinoza-Effekt. Wie Gefühle unser Leben bestimmen*. Berlin: Ullstein

Efran, J., Heffner, K., Lukens, R. (1992). *Sprache, Struktur und Wandel*. Dortmund: Modernes Lernen

Ferris, T. (2017). *Die 4-Stunden Woche. Mehr Zeit, mehr Geld, mehr Leben* (7. Auflage). Berlin: Ullstein

Hüther, G. (2014). *Biologie der Angst. Wie aus Streß Gefühle werden* (12. Auflage). Göttingen: Vandenhoeck & Ruprecht

Omer, H., Alon, N., Schlippe, A.v. (2010). *Feindbilder. Psychologie der Dämonisierung* (2. Auflage). Göttingen: Vandenhoeck & Ruprecht

Proschaska, J. O., Norcross, J. C., Diclemente, C. C. (1994). *Changing for good*. New York: Harper Collins

Scharmer, O. C., Käufer, K. (2013). *Leading from the Emerging Future. From Ego-System to Eco-System Economies*. San Francisco: Berrett-Koehler

Schlippe, A.v., Schweitzer, J. (2007). *Lehrbuch der systemischen Therapie und Beratung* (10. Auflage). Göttingen: Vandenhoeck & Ruprecht

Schmidt, G. (2011). *Einführung in die hypnosystemische Therapie und Beratung* (4. Auflage). Heidelberg: Carl-Auer-Systeme

Storch, M. (2015). *Das Geheimnis kluger Entscheidungen. Von Bauchgefühl und Körpersignalen* (9. Auflage). München: Piper

Storch, M., Cantieni, B., Hüther, G., Tschacher, W. (2011). *Embodiment. Die Wechselwirkung von Körper und Psyche verstehen und nutzen* (2. Auflage). Bern: Hans Huber

Stromann, N. (2016), *Coconut Life. Warum du größenwahnsinnig sein solltest, um ein geniales Leben zu leben.* Hamburg: Tradition

Villoldo, A. (2009). *Mutiges Träumen. Wie Schamanen Realitäten erträumen* (7. Auflage). München: Arkana

Watzlawick, P., Weakland, J.H., Fisch, R. (2009). *Lösungen. Zur Theorie und Praxis menschlichen Wandels* (7. Auflage). Bern: Hans Huber